Sirenensang und Schweinezauber

SIRENENSANG UND SCHWEINEZAUBER

Geschichten aus der Odyssee

Nacherzählt von Rolf-Bernhard Essig

Bilder von Anke Kuhl

Klett
Kinderbuch

Für Anna-Katharina und Mattis Strohschneider,
die ersten, die besten Zuhörer

Endlich nach Hause

Seit vielen tausend Jahren erzählt man sich von Odysseus, dem König der griechischen Insel Ithaka. Dort herrschte er mit seiner Frau Penelope.

Besonders heldenhaft sah er nicht aus. Etwas klein war er, außerdem ein wenig dick. Doch hatte er eine sehr breite Brust, starke Arme und einen noch stärkeren Kopf. In jeder Lage fiel ihm etwas ein. So klug und listig handelte er, dass man ihn nur den listenreichen Odysseus nannte. Das gefiel besonders der Göttin der Weisheit. Athene, so hieß sie, mochte Odysseus so sehr, dass sie ihm immer wieder half.

Trotzdem hätte man Odysseus längst vergessen, wenn er und die Griechen nicht die Stadt Troja angegriffen und zehn Jahre vergeblich belagert hätten. Es war nämlich Odysseus, dem schließlich die entscheidende List einfiel. Er sagte: »Lasst uns ein riesiges Pferd aus Holz bauen. Darin will ich mich mit anderen Kriegern verstecken. Ihr anderen aber und die Flotte fahrt davon. Natürlich nicht weit.« So taten sie es.

Wie freuten sich die Trojaner, als die griechischen Schiffe verschwunden waren! Sie glaubten, nach zehn Jahren Krieg hätten die Feinde endlich aufgegeben. Das mächtige

Holzpferd zogen sie als Kriegsbeute in die Stadt. Dann begannen sie zu feiern, wie sie noch nie gefeiert hatten.

Bei Nacht schlüpften Odysseus und die Krieger durch eine Geheimklappe aus dem Holzpferd. Kein Trojaner bemerkte etwas, denn fast alle schliefen fest. Die Griechen töteten leise die Wachen und gaben von der Mauer ein Lichtzeichen. Darauf hatte die griechische Flotte nur gewartet. Rasch segelte sie zurück nach Troja. Dort hatte Odysseus die Stadttore schon geöffnet.

Ein fürchterliches Gemetzel begann. Die meisten Trojaner wurden getötet, auch Frauen und Kinder. Die Griechen zündeten die ganze Stadt an. Am Morgen stand ein qualmender Trümmerhaufen an Stelle des stolzen Trojas. Wer von den Bewohnern noch lebte, wurde als Sklave unter die Sieger verteilt. Was noch an Gut und Geld nicht verbrannt war, ebenso.

In den zwölf Geschichten, die nun folgen, geht es um die abenteuerliche Heimfahrt von Troja. Nach dem Sieg fuhren ja alle Griechen nach Hause. So tat es auch Odysseus. Er führte eine Flotte von zwölf Schiffen. Auf ihnen hatten er, eine Menge treuer Krieger und sehr viel Beute Platz. Odysseus hoffte auf eine glückliche Fahrt. Er wollte bald seine Frau Penelope, seinen Sohn Telemach und sein Reich Ithaka wiedersehen. Doch es kam ganz, ganz anders.

Das große Vergessen

Die Heimreise begann gut. Der Wind trieb Odysseus'
kleine Flotte munter vorwärts. Bald erreichten sie die
Stadt Ismaros, wo die Kikonen wohnten. Dort machte
Odysseus seinem zweiten Beinamen alle Ehre. Er hieß
nämlich nicht nur »der Listenreiche«, sondern auch »der
Städtevertilger«. Odysseus und seine Krieger überfielen
die Stadt. Sie brachten die Männer um, verwüsteten die

Häuser, machten die jungen Frauen zu Sklavinnen, raubten alles Kostbare und teilten die Beute untereinander. Nur den Priester des Gottes Apoll verschonte Odysseus. Der erschrockene Mann schenkte ihm deshalb viele Schätze. Vor allem schenkte er ihm von seinem wundervollen Wein. Der war so stark, dass er zwanzigfach verdünnt immer noch himmlisch schmeckte.

Nach dem Sieg sagte Odysseus: »Lasst uns die Beute nehmen und rasch fortsegeln. Dann sind wir in Sicherheit.« Doch seine Leute hörten nicht auf ihn. Sie wollten ihren Sieg mit Wein, gebratenen Schafen und Ziegen feiern. Das war ein Fehler. Einige geflohene Kikonen hatten ihre Nachbarn zur Hilfe gerufen. Es waren erfahrene Kämpfer. Sie eilten herbei, zahlreich wie die Blätter im Frühling. Einen Tag kämpften Odysseus und seine Krieger. Am Abend mussten sie aber fliehen und ihre Toten zurücklassen. Auf jedem der zwölf Schiffe fehlten nun sechs Männer.

Sie waren nicht weit gekommen, da brach ein wilder Sturm los. Er hielt sie zwei Tage und zwei Nächte an Land fest. Dann konnten sie endlich nach Malea aufbrechen. Von dort aus war eine rasche Heimreise möglich. Doch eine starke Strömung trieb sie ab. Und wieder wütete ein Sturm, neun schlimme Tage lang.

Am zehnten endlich gelang es ihnen wenigstens, an einer Küste zu landen und sich auszuruhen. Odysseus schickte drei Kundschafter los. Doch die kamen nicht zurück. Odysseus suchte nach ihnen. Er fand sie in einem Dorf der Lotophagen.

Ihr Name heißt auf Deutsch »Lotos-Esser«. Sie bereiteten sich nämlich aus der schönen Lotosblume ein Rauschgift. Wenn sie das aßen, waren sie mit allem auf der Welt zufrieden. Das Lotos-Rauschgift bewirkte außerdem ein großes Vergessen. Man vergaß sich selbst, seine Familie und Ziele.

Nun hatten die gastfreundlichen Lotophagen auch den Männern des Odysseus von ihrem Rauschgift gegeben. Seitdem saßen sie da und lächelten glücklich. Sie hatten einfach alles vergessen. Sie erkannten nicht einmal Odysseus, als er kam.

»Kommt mit uns zurück! Sofort!«, befahl Odysseus. Doch die Männer lächelten immerfort und rührten sich nicht. Odysseus ließ sie mit Gewalt wegbringen. Das erschien den Berauschten als schlimmste Strafe. Sie wollten ihr ganzes Leben bei den Lotophagen bleiben und Rauschgift nehmen. Weinend baten sie Odysseus, sie zurückzulassen. Doch er warf sie unter die Ruderbänke des Schiffes und fesselte sie, damit sie nicht fliehen konnten. Es dauerte viele Tage, bis sie wieder zu sich fanden. Selbst dann sehnten sie sich noch nach dem glücklichen Rauschleben bei den Lotophagen.

Niemand in der Höhle
des Zyklopen

In den nächsten Tagen blieb das Meer ruhig. Odysseus und seine kleine Flotte kamen gut voran. Jeder Ruderschlag brachte sie der fernen Heimat näher. Die Männer freuten sich trotzdem, wenn sie abends an Land anlegten. Das Rudern und Segeln war sehr anstrengend.

Eines Abends unterbrachen sie die Fahrt auf einer Insel, die vor dem Land der Zyklopen lag. Die Zyklopen waren schrecklich große Riesen. So groß wie zehn Männer. Ihr Gesicht sah seltsam aus, denn sie hatten nur ein Auge, das auf der Stirn saß. Odysseus hatte schon von ihnen gehört. Er wusste, dass sie wie im Paradies lebten. Auf ihrem fruchtbaren Land wuchsen Früchte, Gemüse und Wein ganz von selbst. Die einäugigen Riesen hielten sich Ziegen und Schafe, die überall gutes Futter fanden. Die meiste Zeit taten die Zyklopen nichts. Sie besuchten sich nicht einmal. Jeder wohnte für sich allein in einer Höhle.

Odysseus wollte mehr über diese seltsamen Wesen erfahren. Seine Neugier war genau so groß wie seine Klugheit. Er ließ elf Schiffe bei der Insel und fuhr mit dem zwölften zum Land der Zyklopen hinüber. Dort wählte er zwölf Männer der Besatzung aus, um mit ihnen die Umgebung zu erkunden. Er selbst nahm einen Schlauch Wein auf die Schulter und ging munter voran.

Bald kamen sie zu einer mächtig großen Höhle. Auf dem Vorplatz gab es ein Gehege aus Felsstücken und Baumstämmen, aber keine Tiere. Vorsichtig betraten die Männer die Höhle. Hier gab es noch mehr Ställe, und die waren voller Ziegen und Lämmer. Es war keine nasse, ungemütlich dunkle Höhle. Der Riese hatte sich schön eingerichtet. Unglaublich hohe Regale gab es, auf denen Käse reifte. Gewaltige Wannen standen da, Eimer und Geräte für die Käseherstellung. Der Zyklop war nicht zu Hause.

»Lasst uns den Käse, ein paar Lämmer und Ziegen stehlen und ganz schnell wieder verschwinden«, sagten die Gefährten des Odysseus. Er hörte aber nicht auf ihre klugen Worte. Er wollte zu gern einmal mit einem Zyklopen sprechen. Also blieben sie, aßen Käse, brieten sich Ziegen und warteten.

Plötzlich erbebte der Boden. Ein lautes Stampfen war zu hören, begleitet von fröhlichem Blöken und Mähen. Als die Männer den ungeheuer großen Zyklopen sahen, versteckten sie sich im hintersten Winkel der Höhle. Der Riese trat ein und warf eine Menge Feuerholz auf den Boden. Dann rollte er einen so schweren Felsblock vor den Eingang, dass ihn zweiundzwanzig Wagen nicht hätten fortziehen können. Odysseus und seine zwölf Gefährten saßen in der Falle.

Der Zyklop bemerkte sie nicht sofort. Er machte ein Feuer und kümmerte sich liebevoll um seine Herde. Er molk sie und legte die kleinen Ziegen an die Zitzen ihrer Mütter. Kurz darauf entdeckte er die Menschen in seiner Höhle. »Wer seid ihr?«, brüllte er. »Seeräuber und Herumtreiber? Woher kommt ihr? Was wollt ihr hier?« Odysseus erzählte ihm von Troja, von ihrer Heimat Griechenland und bat ihn, sie nach göttlichem Gesetz als Gäste zu behandeln.

Polyphem, so hieß der Riese, lachte nur. »Wir Zyklopen sind besser als die Götter und achten kein Gesetz. Wo ist eigentlich euer Schiff?« Odysseus ahnte die Gefahr und log lieber: »Unser Schiff versank im Sturm. Wir konnten nur unser Leben retten.« Darauf schwieg Polyphem. Plötzlich ergriff er zwei von Odysseus' Männern und zerschlug ihre Köpfe auf dem Boden. Er zerriss die Toten und aß sie mit Haut und Knochen Stück für Stück auf. Dazu trank er Milch. Satt schlief er ein.

Odysseus und die übrig gebliebenen zehn Männer weinten verzweifelt. Sie konnten sich vor Schreck nicht fassen. Odysseus überlegte, ob er Polyphem mit dem Schwert töten sollte. Doch dann wären sie in der Höhle verhungert. Der Felsen vor dem Eingang war viel zu schwer für sie. In dieser Nacht konnte keiner von ihnen schlafen. Alle dachten nur darüber nach, wie sie entkommen könnten.

Am Morgen kümmerte Polyphem sich um seine Tiere. Dann nahm er sich wieder zwei Männer, zerschlug ihre Köpfe, zerteilte sie und frühstückte sie mit Milch. Jetzt waren sie nur noch neun. Polyphem ging hinaus. Den Felsblock rollte er vor die Höhle. Odysseus und seine Männer waren wieder eingeschlossen.

Plötzlich hatte Odysseus eine Idee. In der Höhle lag ein Olivenbaumstamm zum Trocknen. Der sollte wohl eine Zyklopenkeule werden. Odysseus teilte ein fast acht Meter langes Stück von dem Baumstamm ab, spitzte es an und härtete die Spitze im Feuer. Nun hatten sie eine Lanze. Die versteckten sie gut.

Als Polyphem abends heimkam, verschloss er wieder den Eingang der Höhle. Wieder kümmerte er sich um die Tiere. Wieder wählte er für sein Abendessen zwei Männer aus. Er zerschmetterte ihre Köpfe, zerriss und aß sie. Jetzt waren sie nur noch sieben.

Nachdem der Riese fertig war mit Essen, wagte sich Odysseus mit einem großen Becher näher. In dem Becher war der Wein, den Odysseus von dem Priester von Ismaros bekommen hatte. Dieser Wein war so stark, dass er zwanzigfach verdünnt noch stark berauschte. Odysseus bot Polyphem reinen Wein an und sagte: »Nimm, Zyklop, und trink; auf Menschenfleisch ist der Wein gut.«

Wie schmeckte das dem Riesen! Einen zweiten Becher nahm er und einen dritten. Davon wurde er ganz lustig und böse. Er fragte Odysseus nach seinem Namen. Der antwortete listig: »Ich heiße Niemand.« Polyphem lallte: »Lieber Niemand, als Dank für deinen guten Wein werde ich dich zuletzt fressen.« Nach diesen Worten fiel er auf sein Lager und schlief ein. Er war völlig betrunken. Im Schlaf aber wurde ihm schlecht, und er erbrach Menschenfleisch und Wein.

Odysseus hielt nun die Lanze ins Feuer, bis sie glühte. Dann nahmen er und vier seiner Männer die Lanze auf und näherten sich dem schlafenden Zyklopen. Mit einem mächtigen Stoß bohrten sie die Spitze in sein Auge. Odysseus stand vorne und drehte sie wie einen Bohrer immer tiefer hinein. Es dampfte und zischte.

Polyphem brüllte vor Schmerzen und schrie um Hilfe. Sofort kamen die Nachbar-Zyklopen zur Höhle und fragten von draußen: »Was ist los, Polyphem? Will dich jemand ermorden?« Jetzt zeigte sich Odysseus' Klugheit, denn Polyphem schrie: »Niemand hat mein Auge zerstört! Niemand will mich ermorden!« Er kannte ja nur diesen Namen. Die Nachbar-Zyklopen gingen wieder nach Hause. Polyphem hatte ja gesagt, es sei niemand in seiner Höhle.

Wie sollten die Männer aber nun entkommen? Am Morgen meckerten die Ziegen und blökten die Schafe. Sie wollten auf die Weide. Polyphem hatte ein Herz für sie und schob den Felsblock zur Seite. Doch er setzte sich an den Eingang und tastete mit seinen riesigen Händen jedes Tier ab. Kein Mensch sollte ihm entwischen.

Wieder hatte Odysseus eine Idee. Er band je drei große Schafböcke zusammen und befahl seinen Männern, sich unter die Tiere zu hängen. Odysseus selbst krallte sich unten in die Wolle des starken Leithammels der Herde. So entdeckte der Zyklop sie nicht, als sie die Höhle verließen.

Einen Teil der Tiere trieben die Männer zum Schiff. Die wartenden Gefährten dort weinten, als sie hörten, was geschehen war. Odysseus unterbrach sie: »Trauert später! Wir müssen fort! Rasch, ins Schiff. Dort kommt schon Polyphem!«

Nach kurzer Strecke auf See machte Odysseus einen großen Fehler. Er schrie zu Polyphem hinüber und verspottete ihn. »Deine Blindheit«, rief Odysseus, »ist die gerechte Strafe für den Mord an meinen Gefährten.« Polyphem konnte zwar nicht mehr sehen, aber gut hören. Er warf dem Schiff einen riesigen Felsbrocken hinterher. Fast hätte er es versenkt. Doch der Felsbrocken landete vor dem Schiffsbug im Meer und löste eine große Welle aus. Zum Entsetzen der Männer wurden sie wieder an Land getrieben. Wie gut, dass Polyphem das nicht sah! Rasch stießen sie wieder ab. Als sie doppelt so weit entfernt waren, wollte Odysseus den Zyklopen noch einmal beschimpfen. Die Männer im Schiff flehten ihn an: »Sei still! Reize ihn nicht! Er wird uns beim zweiten Mal treffen!« Vergeblich. Zorn

und Stolz machten Odysseus dumm. Er schrie: »Damit du weißt, wer dich bestraft hat, verrate ich dir meinen Namen. Ich heiße Odysseus und stamme von der Insel Ithaka.«

Polyphem heulte vor Wut und Verzweiflung auf. Ein Weiser hatte ihm nämlich einmal vorhergesagt, einst werde Odysseus kommen und ihm sein Auge nehmen. Der Zyklop hatte immer auf einen Riesen gewartet. Den kleinen Menschen hatte er unterschätzt.

Polyphem hob seine Hände und flehte zu seinem Vater, dem Meergott Poseidon: »Großer Poseidon, zeige, dass du mein Vater bist. Lass diesen Odysseus niemals wieder in seine Heimat kommen. Wenn das Schicksal es aber bestimmt hat, dass er zurückkehren darf, dann soll es eine schreckliche Heimkehr sein: Seine Schiffe sollen sinken, seine Männer sollen sterben! Auf einem fremden Schiff soll er fahren. Und er soll sein Haus in einem schlimmen Zustand finden.«

Dann warf Polyphem noch einmal einen Felsbrocken. Wieder traf er fast das Schiff. Diesmal landete der Fels hinter dem Schiffsheck im Wasser. Und diese Welle trieb sie weit weg von dem schrecklichen Land der Zyklopen.

Poseidon aber hatte seinen Sohn gehört.

Der Herr des Windes

Auf den Schiffen sprachen die Männer über ihre toten Gefährten. Schrecklich, von einem Riesen gefressen zu werden! Doch das Leben und die Fahrt mussten weitergehen.

So kamen sie zu einer seltsamen Insel. Mit ihren unüberwindlichen Mauern aus Eisen und den steilen Felswänden glich sie einer Festung. Die Männer waren misstrauisch.

Plötzlich hörten sie Flötentöne. »Das muss die Insel Äolien sein«, sagte Odysseus. »Ich weiß, dass ihr Beherrscher Äolus ein Freund der Götter ist. Er regiert in einem herrlichen Palast. Seine sechs Töchter und sechs Söhne hat er miteinander verheiratet. Alle leben hier in Frieden und Schönheit.«

Erleichtert ruderten die Männer zum Hafen. Dort wurden sie wie Gastfreunde empfangen und zum Palast des Äolus gebracht.

»Tretet ein! Seid mir willkommen!«, begrüßte sie der Herrscher. »Erzählt mir, wer ihr seid und woher ihr kommt. Beim Festmahl werden wir Zeit dafür haben.«

Odysseus erzählte Äolus einen Monat lang alles vom Krieg um Troja und den Abenteuern auf der Fahrt. Dann bat er ihn um Hilfe für die Heimkehr.

Äolus lächelte: »Ich gebe dir ein besonderes Geschenk. Der höchste Gott, Zeus selbst, hat mich zum Herren der Winde gemacht. In diesen ledernen Sack habe ich alle Winde gesteckt bis auf einen. Nur der Westwind weht noch. Er bringt dich und deine Schiffe sicher nach Hause.« Äolus selbst band den Sack mit einem silbernen Seil im Schiff des Odysseus fest. Dann hieß es Abschied nehmen. Odysseus dankte Äolus mit Tränen in den Augen.

Neun Tage und neun Nächte segelten sie friedlich über das Meer. Keiner musste rudern, denn der Westwind wehte beständig. In der zehnten Nacht sahen sie schon die heimischen Signalfeuer. Odysseus erfasste bei diesem Anblick große Freude und große Müdigkeit. Er hatte neun Tage und neun Nächte das Steuerruder gehalten. Jetzt konnte er endlich ausruhen. Die Heimat lag ja fast zum Greifen nah. Er sagte seinen Männern: »Ich will ein wenig ruhen.«

Kaum war er eingeschlafen, regte sich unter seinen Männern der Neid. Der eine sagte: »Bald werden wir zu Hause sein. Aber nach all den Jahren haben wir fast nichts mitzubringen. Odysseus wird die ganze Beute für sich behalten.« Ein anderer war auch unzufrieden: »Odysseus hat immer Glück. Er kommt lebend aus der Höhle des Zyklopen. Und von Äolus hat er einen großen Ledersack bekommen. Der ist sicher voller Schätze. Weg mit dem Seil!«

Kaum hatten sie den silbernen Knoten gelöst, da riss der Sack auf. Alle Winde stürmten auf einmal heraus. Wild wehten sie und heulten. Odysseus wachte davon auf. »Was habt ihr getan?«, schrie er. Doch es war zu spät. Der Sturm packte die Flotte und trieb sie zurück. Einen Moment lang überlegte Odysseus, von Bord zu springen. Dann hätte er die Heimat vielleicht schwimmend erreicht. Aber er wollte die Gefährten nicht im Stich lassen. So verbarg er nur sein Gesicht im Mantel und weinte.

Der Sturm trieb sie die ganze Strecke zurück. Im Nu sahen sie wieder die Insel des Äolus. Äolus erschrak, als er sie sah: »Wo kommt ihr her? Welches böse Schicksal treibt euch zurück?« Odysseus erzählte Äolus von der Dummheit seiner Männer. Dann bat er ihn noch einmal um Hilfe. Doch Äolus schüttelte den Kopf: »Der Zorn der Götter liegt über dir. Ich darf dir nicht mehr helfen. Fliehe von meiner Insel!«

Traurig fuhren sie weiter übers Meer. Nach sechs Tagen erreichten sie immerhin einen sicheren Hafen mit turmhohen Mauern. Elf Schiffe ruderten hinein. Nur Odysseus traute dem Frieden nicht. Er landete mit seinem Schiff an einem überhängenden Felsen und schickte drei Kundschafter aus. Sie trafen ein sehr großes Mädchen. »Wir Laistrygonen wohnen hier«, erzählte sie. »Kommt mit zum Palast meines Vaters.« Dort angekommen, begrüßte ihre Mutter die Männer. Sie war so groß wie der Gipfel eines Berges. Dann kam auch ihr Vater. Er war noch größer. Plötzlich nahm er einen der Männer, tötete ihn und servierte ihn als Mittagessen. Die Überlebenden flohen zum Hafen, um ihre Gefährten zu warnen. Doch nun kamen von allen Seiten die Riesen und warfen mächtige Felsblöcke, größer als die des Zyklopen. Rasch zerschmetterten sie alle elf Schiffe. Keiner konnte entkommen. Die Laistrygonen spießten alle Männer auf wie Fische und trugen sie davon, um sie zu essen.

Odysseus sah das Unglück von ferne. Nichts konnte er tun. So zog er sein Schwert und hieb das Ankertau durch. »Rudert, so schnell ihr könnt!«, rief er seinen Männern zu. Mit viel Glück entkamen sie. Odysseus aber überlegte: »Liegt vielleicht wirklich ein Fluch auf uns?«

Der Schweinezauber

Es dauerte nicht lange, bis sie die Insel Aiaia erreichten. In einer schönen Bucht ruhten sie zwei Tage aus. Die Trauer um die toten Gefährten und die Anstrengungen hatten sie zu Tode erschöpft. Am dritten Tag nahm Odysseus Lanze und Schwert. Er wollte die Insel erkunden.

Von einem Hügel aus sah er etwas wie Rauch. Auf einmal lief ihm ein gewaltiger Hirsch über den Weg. Odysseus traf ihn mit seiner Lanze. Auf einem Gestell aus Weiden schleifte er das Tier zum Schiff.

Dort rief er: »Wir sind traurig. Aber wir werden nicht sterben, bis das Schicksal es will. Esst also! Sonst tötet uns der Hunger.« Die Männer hörten es gerne. Sie wuschen sich die Hände, aßen Hirschbraten und tranken Wein. In dieser Nacht schliefen alle gut.

Am Morgen sagte Odysseus: »Vom Hügel aus habe ich Rauch gesehen. Ich weiß nicht, wo wir sind. Wir müssen die Insel erkunden.« Die Männern dachten mit Schrecken an die Laistrygonen, an den Zyklopen Polyphem und an die toten Gefährten. Aber es half nichts. Sie mussten etwas tun.

Odysseus teilte die Männer in zwei Gruppen. Dann loste er aus, welche Gruppe gehen musste. Es traf Eurylochos und seine zweiundzwanzig Männer. Sie gingen also auf Kundschaft. Odysseus und die übrigen bewachten die Schiffe.

Bald sahen Eurylochos und seine Männer den Rauch auch. Sie näherten sich ihm und fanden im Tal ein großes steinernes Haus. Plötzlich erstarrten sie. Große Bergwölfe und Löwen kamen auf sie zu. Doch die Tiere griffen nicht an. Sie wedelten mit dem Schwanz wie Haushunde. Freundlich legten sie den Männern die Pfoten auf die Brust. Trotzdem waren sie furchterregend.

Wie gut, dass aus dem nahen Haus eine schöne Melodie zu hören war. Eine weibliche Stimme sang wundervoll. Sie hörten auch die Geräusche eines Webstuhls. Da sagte Polites, der beste Freund des Odysseus: »Lasst uns rufen, damit wir wissen, ob es eine Frau oder eine Göttin ist.«

Auf ihr Rufen hin trat Kirke aus dem Haus. Schöne Locken hatte sie und war sehr freundlich. »Kommt doch herein!«, bat sie. Gern folgten die Männer der Einladung. Nur Eurylochos ahnte Böses und versteckte sich.

Kirke tischte den Männern herrliche Speisen auf: geriebenen Käse mit Mehl und Honig. Aber sie mischte Zaubersäfte ins Essen. Kaum hatten die Männer die ersten Bissen geschluckt, da hatten sie ihre Heimat vergessen. Kirke nahm eine Rute und berührte jeden damit. Und im Nu verwandelten sich alle Männer in Schweine. Sogar Borsten wuchsen ihnen. Kirke trieb die zweiundzwanzig Schweine in den Stall und sperrte sie ein. Dort weinten die Schweine bitterlich. Ihre menschlichen Gedanken waren ihnen geblieben. Kirke streute ihnen Eicheln und Bucheckern hin, das gewöhnliche Schweinefutter.

Eurylochos rannte zum Schiff zurück. Er berichtete, wie die Männer im Haus verschwunden waren; ohne Wiederkehr. Odysseus nahm Schwert, Bogen und einen Köcher. Dann sagte er: »Führe mich zu dem Haus!« Eurylochos bat ihn voller Entsetzen: »Lass mich hier! Und bleibe du auch hier! Wir müssen alle fliehen!« Da ging Odysseus allein.

Kurz vor Kirkes Haus traf er einen schönen Jüngling. Das war Hermes, der Götterbote. Er sagte: »Was gehst du hier so alleine, du Armer? Ich weiß es. Die Göttin Kirke hat deine Gefährten in Schweine verwandelt. Willst du sie retten? Ich kann dir helfen. Nimm diese Pflanze hier! Sie schützt dich vor Kirkes Zaubersäften.« Dann sagte er Odysseus genau, was er tun musste, und verschwand in den Lüften.

Mit frischem Mut ging Odysseus zu Kirkes Haus und rief nach ihr. Sie lud ihn in ihr prächtiges Haus ein. Zur Begrüßung mischte sie ihm einen Trunk mit Zaubersaft. Odysseus trank ihn. Kirke lachte, berührte ihn mit der Rute und sagte: »Geh in den Schweinestall zu deinen Gefährten.« Aber Odysseus verwandelte sich nicht. Stattdessen riss er das Schwert aus der Scheide und rief: »Ich werde dich jetzt töten!«

Kirke umfasste verzweifelt seine Knie: »Niemand konnte meinem Zaubertrank je widerstehen. Bist du vielleicht Odysseus, der aus Troja kommt? Dann stecke dein Schwert in die Scheide! Lass uns zu meinem Lager gehen und die Freuden der Liebe genießen!«

»Warum sollte ich das tun?«, fragte Odysseus. »Du hast meine Gefährten in Schweine verwandelt. Du willst mich betrügen. Schwöre, dass du mir nichts Böses tun wirst.« Kirke schwor es. Nun erst ging Odysseus mit ihr ins Bett. Dort genossen sie die Freuden der Liebe.

Später schmückten vier Dienerinnen den Saal. Sie brachten Odysseus zum Bad, wuschen ihn und salbten ihn mit Öl. Als er erfrischt war, führte Kirke ihn zu einem herrlichen Essen. Doch Odysseus war unzufrieden.

»Willst du nichts essen?«, fragte Kirke. »Ich habe geschworen, dir nichts Böses zu tun.« Odysseus antwortete:

»Wie kann ich essen? Meine Gefährten sind ja noch Schweine.«

Da ließ Kirke die zweiundzwanzig Schweine aus dem Stall und bestrich jedes mit einem Zaubersaft. Plötzlich fielen die Borsten und Schwänze von ihnen ab. Alle Männer hatten ihre Gestalt wieder und sahen sogar jünger aus. Weinend dankten sie Odysseus. Selbst Kirke war gerührt. Sie bat Odysseus, die übrigen Gefährten zu holen und bei ihr zu bleiben. Das tat Odysseus. Bei Kirke bekamen sie Wein und Gemüse und Braten und Käse. Kirke tat alles, damit sie sich wie im Himmel fühlten.

So ging es ein ganzes Jahr. Odysseus lebte mit Kirke wie mit seiner Frau. Eines Tages sagten seine Männer: »Odysseus! Willst du niemals nach Hause zurück?« An diesem Abend bat er Kirke, ihm bei der Heimreise zu helfen. »Ich werde euch nicht aufhalten«, sagte sie. »Doch bevor du nach Hause kannst, musst du ins Totenreich fahren. Dort ist Theiresias. Er sieht die Zukunft vorher. Nur er kann dir sagen, was du tun sollst.« Voller Angst fragte Odysseus: »Wie soll ich ins Totenreich reisen? Niemand kommt von dort zurück!« Da erklärte ihm Kirke, wie er die Reise überstehen könnte.

Am Morgen rief Odysseus die Gefährten zum Aufbruch. Auch Elpenor hörte Odysseus' Rufe. Er hatte auf dem Dach seinen Rausch ausgeschlafen. Nun machte er einen Schritt, fiel vom Dach und brach sich das Genick. Odysseus trauerte kaum um Elpenor, weil er der Jüngste und nicht besonders mutig gewesen war.

Unterwegs zum Schiff erzählte Odysseus seinen Männern, dass sie zum Totenreich reisen würden. Die Griechen nannten es »Hades«.

Am Schiff fanden sie einen schwarzen Bock und ein schwarzes Schaf. Es waren Opfertiere, die sie für die Toten brauchten: Kirkes erstes Abschiedsgeschenk. Ihr zweites war ebenso wichtig: Sie schickte einen Wind, der sie in die richtige Richtung segeln ließ.

Am Tor des Totenreichs

Odysseus und seine Männer fuhren lange Zeit. Der Hades lag weit entfernt. Es war nicht anstrengend, weil Kirkes Wind blies. Ihre Angst wuchs stetig. Keiner kannte diesen Teil des Meeres. Es wurde immer dunkler. Schließlich erreichten sie das Ende des Ozeans. Hier lag das Land der Kimmerer. Diese Menschen lebten in ewiger Dunkelheit.

Odysseus ging mit seinen Männern an Land. Sie fanden den Eingang zum Hades ohne langes Suchen, weil Kirke ihn genau beschrieben hatte. Odysseus hob mit seinem Schwert eine Grube aus, so lang und so breit wie sein Unterarm. Dort hinein kamen die Opfergaben für die Toten. Zuerst schütteten sie Honig und Milch hinein. Als Zweites süßen Wein. Zuletzt Wasser, auf das sie Mehl streuten. Odysseus versprach den Toten, besonders aber dem Seher Teiresias, weitere Opfer, wenn er gesund in seine Heimat Ithaka zurückkehren würde.

Es war Zeit für das vierte Opfer. Odysseus schnitt dem schwarzen Schafspaar die Kehlen durch. Kaum floss das Blut in die Grube, kamen schon die ersten Toten. Man konnte Frauen und Männer erkennen, Kinder und Krieger. Alle waren durchsichtig wie Nebelgestalten. Sie riefen laut und wollten zu dem Blut. Odysseus fürchtete sich, aber er nahm sein Schwert und hielt die toten Seelen fern.

Elpenor war auch bei ihnen. Er sagte zu Odysseus: »Ich Unglücklicher! Warum trank ich zu viel Wein und stürzte von Kirkes Dach! Jetzt bin noch nicht einmal begraben. Ihr wart zu eilig! Bitte verbrenne bei der Rückkehr meine Leiche und errichte mir ein Grabmal.« Das versprach Odysseus.

Dann erschrak er sehr. Seine Mutter näherte sich in Schattengestalt. Sie hatte noch gelebt, als Odysseus vor über elf Jahren von Ithaka aufgebrochen war. Er ließ aber nicht einmal seine Mutter zu dem Blut. Kirke hatte ihm eingeschärft, auf Teiresias zu warten.

Endlich erschien der Seher: »Lass mich von dem Blut trinken, damit ich dir die Zukunft offenbaren kann«, sagte er. Odysseus steckte sein Schwert in die Scheide. Teiresias trank. Dann sagte er: »Du willst heimkehren. Aber ein Gott will dich daran hindern. Du hast Polyphem das Auge ausgebrannt. Deshalb ist sein Vater, der Meergott Poseidon, zornig auf dich. Er wird dich unerbittlich verfolgen. Trotzdem könntet ihr heimkehren, wenn auch nicht als Glückliche. Dazu müsst ihr unbedingt meinen Rat befolgen: Auf der Insel Trinaka werdet ihr Rinder und Schafe finden. Die gehören dem Sonnengott Helios. Ihr dürft sie auf keinen Fall verletzen! Wenn ihr es doch tut, wird dein Schiff untergehen und deine Mannschaft sterben. Dann wird es noch Jahre dauern, bis du ganz allein nach Hause kommst. Dein Palast wird voller Männer sein, die glauben, dass du tot bist. Sie wollen deine Frau Penelope heiraten. Du wirst dich an ihnen rächen und sie töten. Danach musst du die Götter um Verzeihung bitten. Poseidon zu versöhnen, ist schwieriger. Ich sage dir, was du tun musst: Nimm ein Ruder auf die Schulter und geh so lange, bis du einen Menschen triffst, der dich fragt: ›Was hast du für eine seltsame Schaufel auf der Schulter?‹ Genau an dieser Stelle errichte dann einen Altar für Poseidon.«

Nachdem er ihm alles gesagt hatte, kehrte Teiresias zurück in den Hades.

Odysseus ließ nun seine Mutter von dem Blut trinken und fragte sie traurig: »Mutter, wie bist du gestorben? Wie geht es Penelope? Wie geht es Telemach, meinem Sohn? Was ist mit Laertes, meinem Vater?« Seine Mutter sagte: »Deine Frau ist treu, dein Sohn und dein Vater leben. Aber ich bin gestorben. Du kamst so lange nicht wieder! Ich habe die Angst und den Schmerz nicht mehr ausgehalten.« Odysseus weinte sehr. Er breitete die Arme aus und wollte seine Mutter umarmen. Dreimal versuchte er es. Dreimal vergeblich. Sie war nur wie Luft.

Immer mehr Tote drängten zu dem Blut. Odysseus sprach mit vielen von ihnen. Es waren Freunde darunter und Bekannte. Mancher gab ihm einen Rat. Alle sehnten sich nach dem Leben. Einer sagte: »Es ist besser, als armer Mensch zu leben, als ein König der Toten zu sein.«

Das Blut lockte ganze Heere von Toten an. Sie kreischten schrecklich. Odysseus flüchtete vor ihnen zum Schiff. Schnell legten sie ab und ruderten davon.

Zurück auf Kirkes Insel, erfüllte Odysseus sein Versprechen und verbrannte den toten Elpenor. Über dem Aschehügel setzten sie ihm ein Grabmal. Alle fühlten sich in diesem Moment dem Tod besonders nah. Wie gut, dass Kirke mit ihren Dienerinnen Essen brachte: »Ihr Armen!«, sagte sie, »ihr habt die Reise zu den Toten hinter euch. Und ihr habt sie noch vor euch. Doch jetzt sollt ihr gut essen und trinken! Macht euch keine Sorgen um die Heimfahrt. Ich will euch sagen, wie ihr möglichst sicher nach Ithaka kommen könnt.«

Den ganzen Tag tranken die Männer und aßen. Am Abend erzählte Kirke Odysseus, was ihn auf der Fahrt erwarten werde. Sie warnte ihn vor den beiden verführerisch

singenden, aber gefährlichen Sirenen. Sie warnte vor einer tödlichen Klippe und zwei Ungeheuern. »Und rührt auf keinen Fall eines der Rinder an, die Helios, dem Sonnengott, gehören!«, sagte sie zuletzt.

Gefährlicher Gesang

Am Morgen fuhren sie weiter, ihrem Schicksal entgegen. Odysseus erzählte seinen Gefährten alles, was Kirke über die Sirenen gesagt hatte. »Sie singen wundervoll und locken die Vorbeifahrenden. Wer sie hört, will mit aller Kraft zu ihnen hin. Doch wenn ihm das gelingt, muss er sterben. Ich will sie hören und trotzdem leben. Tut später einfach, was ich euch sage.«

Kurz vor der Insel der Sirenen legte sich der Wind. Die Männer mussten nun rudern. Odysseus nahm einen Klumpen Wachs, schnitt mit seinem Schwert davon Stückchen ab und knetete daraus Kügelchen. Mit ihnen verstopfte er die Ohren seiner Männer. Wie aber sollte er die Sirenen hören, ohne zu sterben? Seine Männer banden ihn mit starken Stricken am Mast fest. So hatte es Kirke geraten. Dann ruderten sie weiter an der Insel entlang.

Da bemerkten die Sirenen das Schiff und begannen zu singen. Für Odysseus klang es wie ein verlockendes Lied: »Komm zu uns, berühmter Odysseus! Wir wollen dich trösten! Wir kennen deinen Schmerz. Wir werden dich weise machen!« So etwas Herrliches hatte er noch nie gehört. Er zerrte an seinen Fesseln und schrie seine Männer wütend an: »Bindet mich los! Ich muss zu den Sirenen!« Er dachte nicht mehr daran, dass er dort sterben würde. Seine Männer hörten weder ihn noch die Sirenen. Sie sahen nur, wie er sich losreißen wollte. Also fesselten sie ihn noch stärker. Odysseus weinte, weil er nicht zu den Sirenen kommen konnte. Ihr süßer Gesang war schließlich nicht mehr zu hören. Die Männer schauten sich um. Die Insel war verschwunden. Sie banden Odysseus vom Mast. Er sank erschöpft zu Boden. Den Gesang der Sirenen vergaß er nie.

Die Männer pulten das Wachs aus den Ohren und ruderten glücklich weiter. Odysseus verschwieg ihnen, was sie erwartete. Sie mussten zwischen zwei Inseln hindurch, wo zwei Ungeheuer wohnten. Das eine hieß Skylla und lebte auf einer berghohen Insel in einer Höhle. Skylla hatte

zwölf Klauen und sechs fürchterlich lange Hälse mit sechs
schrecklichen Köpfen. Charybdis hieß das andere Ungeheuer. Es schluckte dreimal täglich Massen von Wasser
und spuckte sie dreimal täglich wieder aus. Dabei entstan-
den schreckliche Strudel, die alles vernichteten. Wer versuchte, der gefräßigen Skylla zu entkommen, der geriet in
den tödlichen Strudel. Wer den tödlichen Strudel vermeiden wollte, geriet in die Mäuler Skyllas.

Ihr Schiff näherte sich den beiden Inseln. Odysseus be-
waffnete sich, um Skylla zu bekämpfen. Doch Charybdis
erschreckte sie in diesem Moment mehr. Gewaltige Strudel
zogen am Schiff. Riesige Wellen schlugen gegen die Bord-
wand. Alle schauten auf die Strudel und fürchteten sich
sehr. Darauf hatte Skylla nur gewartet. Sechs Hälse schos-
sen herab, sechs Mäuler packten sechs Männer und rissen
sie aus dem Schiff. Als Odysseus ihre Schreie hörte, schweb-
ten die Männer schon hoch oben in der Luft. Sie zappelten
zwischen den Zähnen und brüllten vor Schmerz. Verzweifelt streckten sie die Hände aus. Odysseus konnte ihnen
nicht helfen. Er musste zusehen, wie Skylla sie auffraß. Das
Schiff schoss heil am ungeheuren Strudel vorbei. Sie waren
entkommen.

Traurig ruderten sie weiter, bis eine Insel aus dem Meer
auftauchte. Schon von weitem hörten sie Rinder brüllen
und Schafe blöken. Das mussten die Viehherden des Son-
nengottes Helios sein. Odysseus sagte seinen Männern:
»Teiresias und Kirke haben mich vor der Insel gewarnt.
Lasst uns lieber weiterfahren!« Das machte die Männer

wütend. Der tapfere Eurylochos schimpfte: »Wie kannst du uns die Rast auf der Insel verbieten? Dein Körper ist wie aus Eisen. Wir aber sind erschöpft. Die Nacht kommt. Da ist das Meer stürmisch und gefährlich. Sollen wir in der Dunkelheit untergehen? Wir müssen hier ausruhen!« Die ganze Mannschaft stimmte laut zu.

Odysseus merkte, dass er nachgeben musste. Er sagte: »Ihr müsst mir aber schwören, dass ihr kein Schaf oder Rind schlachtet! Wir essen nur unsere Vorräte!« Das beschworen alle feierlich.

Sie landeten in einer Bucht. Dort gab es frisches Wasser zu trinken. Alle aßen und tranken. Dann beweinten sie die Freunde, die Skylla gefressen hatte.

In der Nacht begann ein schrecklicher Sturm. Er hörte gar nicht mehr auf und hielt sie auf der Insel fest. Sie zogen das Schiff in eine sichere Grotte. Odysseus befahl den Männern noch einmal: »Was auch geschieht, ihr dürft die Schafe und Rinder des Helios nicht schlachten! Der Sonnengott sieht alles!« Sie hatten noch Vorräte. Es fiel ihnen leicht, den Schwur zu halten.

Nach einem ganzen Monat Sturm sah es anders aus. Auf dem Schiff gab es nichts mehr zu essen. Eine Hungerzeit begann. Die Männer versuchten, wenigstens Vögel und Fische zu fangen. Eines Tages ging Odysseus verzweifelt auf der Insel umher und bat alle Götter um einen Ausweg.

Beim Schiff sagte Eurylochos den anderen: »Es ist schrecklich, wenn man verhungert! Lasst uns lieber die Rinder schlachten! Es kann sein, dass uns Helios nicht ver-

zeiht und später unser Schiff zerstört. Ich glaube aber, es ist besser, schnell zu ertrinken, als langsam zu verhungern!« Das überzeugte die Männer. Sie schlachteten einige Rinder. Teile davon verbrannten sie als Opfer für die Götter. Den Rest brieten sie an Stöcken über dem Feuer.

Odysseus erschrak, als er schon weit vom Schiff den Braten roch! Es war zu spät. Eine Hüterin der Herde hatte Helios die Untat berichtet. Der Sonnengott sagte oben im Himmel zu den anderen Göttern: »Die Männer des Odysseus haben meine Rinder geschlachtet. Ihr müsst mich rächen! Wenn ihr es nicht tut, werde ich mich in die Unterwelt zurückziehen. Dann wird die Sonne nur den Toten scheinen.« Zeus, der Göttervater, antwortete: »Scheine uns und den Menschen weiter! Ich werde das Schiff auf dem Meer mit Blitz und Donner zertrümmern.«

Unten auf der Insel sah und hörte Odysseus, wie sehr ihnen die Götter zürnten. Plötzlich begannen nämlich die Fleischstücke zu brüllen, die rohen und die gebratenen. Genau wie Rinder! Seinen Männern war es egal. Sie freuten sich sechs Tage lang an Rinderbraten.

Am siebten Tag hörte der Sturm auf. Mit gutem Wind fuhren sie auf die hohe See. Darauf hatte der Göttervater Zeus gewartet. Er schickte eine dunkelblaue Wolkenwand. Auf einmal herrschte tiefe Dunkelheit. Der Westwind zerriss die Taue, die den Mast hielten. Er krachte ins Schiff und zerschmetterte den Steuermann. Zeus ließ nun von hoch oben einen mächtigen Donnerkeil ins Schiff schlagen. Der warf alle Männer ins Meer. Es stank nach Schwefel.

48

Odysseus hielt sich als Einziger auf den Resten des Schiffs. Wie sollte er sich retten? Da kam ihm eine Idee. Er nahm ein Lederseil und verknüpfte damit den Mast und einen Teil des Schiffskiels. Auf diesem Floß trieb er durch den Sturm. Plötzlich bemerkte er erschrocken, dass er sich Skylla und Charybdis näherte. Schon verschluckte der Strudel sein Floß. Im letzten Moment klammerte sich Odysseus in die Äste eines Feigenbaums, der auf der Insel stand. Er hing wie eine Fledermaus über dem Strudel, in dem das Floß verschwand. Er konnte nicht weiterklettern. Der Ast bog sich tief unter seiner Last. Verzweifelt hielt er sich fest.

Endlich spuckte Charybdis den Mast und den Schiffskiel wieder aus. Odysseus ließ sich fallen und packte sein Floß.

Neun Tage lang trieb er dahin. Am zehnten kam er zur Insel Ogygia.

Die schöne Kalypso

Eine Göttin fand den halbtoten Odysseus am Strand. Es war die Nymphe Kalypso. Sie weckte ihn sanft und führte ihn zu ihrer schönen Wohnung in einer Grotte. Kalypso gab Odysseus zu essen und zu trinken. Sie sah ihm bei der Mahlzeit zu und verliebte sich in ihn: »Bleib bei mir! Ich will dir Unsterblichkeit und ewige Jugend schenken!«, sagte sie. Odysseus zögerte. Aber Kalypso war sehr schön. Sie hatte sich an ihren Webstuhl gesetzt und begann, kostbare Stoffe zu weben. Dabei sang sie wunderbare Lieder.

Er hätte glücklich sein müssen. Glücklich, dass er den Sturm und die Tage auf See überlebt hatte. Glücklich, dass er sich in einer wunderschönen Gegend befand. Glücklich, dass eine bewundernswerte Göttin ihn liebte. Trotzdem sehnte er sich nach seiner Heimat, seiner Frau und seinem Sohn. Er sagte: »Bitte, Kalypso, lass mich gehen!« Die Göttin sang und hörte nicht auf ihn. Sie behielt ihn bei sich und lebte mit ihm wie Frau und Mann. Odysseus gefiel die Nymphe auch. Und wie sollte er sich gegen eine Göttin wehren?

So vergingen sieben Jahre. Schon lange dachte Odysseus fast nur noch an die Heimkehr. Nachts schlief er nicht mehr mit Kalypso. Tagsüber saß er am Meer und weinte vor Sehnsucht.

Das machte Athene, die göttliche Helferin des Odysseus, sehr traurig. Deshalb bat sie endlich den Göttervater Zeus um Gnade. Sie sprach: »Odysseus wird von Kalypso auf ihrer Insel festgehalten. Poseidon ist zornig auf ihn. Auf Ithaka fressen und saufen die vielen Männer, die Penelope heiraten wollen, alles weg. Odysseus war doch ein guter, frommer Herrscher. Willst du ihn nicht heimkehren lassen?«

Zeus ließ sich überzeugen. Er schickte seinen Boten Hermes zu Kalypso mit dem Befehl, Odysseus ziehen zu lassen. Kalypso klagte: »Ihr anderen Götter seid bloß neidisch! Ihr wollt nicht, dass ich mit meinem Sterblichen glücklich bin.«

Widerwillig ging sie zum Strand: »Sei nicht traurig«, sagte sie zu Odysseus. »Ich lasse dich nun fort. Bau dir ein Floß! Ich will dir Brot mitgeben, Wasser und Wein. Und einen günstigen Wind lasse ich dir wehen, damit du heimkehren kannst.«

Odysseus war misstrauisch. Er sagte: »Ich fürchte, du willst mich betrügen! Du schickst mich auf einem Floß hinaus auf See. Dort geraten aber selbst Schiffe in Gefahr. Schwöre mir, dass du mich nicht ins Verderben schickst!«

Kalypso lächelte und streichelte seine Hand. »Du bist immer vorsichtig, Odysseus! Und klug. Ich schwöre dir, dass ich dir nichts Übles will.«

Sie führte ihn noch einmal zu ihrer Grotte, ließ ihm Wein und Braten reichen. »Wüsstest du, was dich an Leiden erwartet, bliebst du bei mir«, sagte sie traurig. »Außerdem bin ich als Göttin doch wohl schöner und klüger als deine Frau!« Odysseus antwortete: »Du bist reizvoller als meine Penelope; natürlich! Und doch sehne ich mich nach ihr. Leiden können mich nicht mehr erschrecken. Mein Herz ist längst abgehärtet durch Unglück über Unglück.«

Inzwischen war es dunkel geworden. Kalypso und Odysseus gingen ins Schlafzimmer und genossen die Freuden der Liebe.

Am Morgen zogen sie sich an und gingen zur Küste. Kalypso hatte Odysseus eine Axt und ein Beil gegeben. Damit fällte er zwanzig tote Bäume. Trockenes Holz schwimmt besser. Vier Tage dauerte der Floßbau. Am fünften nahm er Abschied von Kalypso und dankte ihr: für die Hilfe, die Vorräte auf dem Floß und die guten Ratschläge.

Siebzehn lange Tage schlief Odysseus nicht, sondern steuerte auf dem Meer immer in die Richtung, die ihm Kalypso geraten hatte. Am achtzehnten Tag sah er in der Ferne ein dunkles Land liegen.

Genau in diesem Moment entdeckte ihn der Meergott Poseidon. Jetzt konnte er sich an Odysseus rächen! Wütend rief er Wolken und Orkane herbei und wühlte das Meer auf. Plötzlich herrschte schreckliche Dunkelheit. Gewaltige Wogen stürmten auf Odysseus ein. Eine riesige Welle riss das Floß herum und warf ihn ins Meer. Er versank und kam kaum wieder an die Wasseroberfläche. Odysseus spuckte das bittersalzige Wasser aus und schwamm verzweifelt zum Floß.

Das alles hatte die Meergöttin Leukothea gesehen. Sie empfand Mitleid und kam zu Odysseus. In der Gestalt eines Wasservogels setzte sie sich auf das Floß und sagte: »Poseidon will dich vernichten, du Armer. Es soll ihm nicht gelingen! Zieh dich aus und spring vom Floß! Schwimm zum Land der Phäaken! Dieser Schleier hier wird dich vor dem Ertrinken schützen. Wenn du am Strand bist, musst du mir den Schleier zurückwerfen. Sieh dich dabei nicht um!«

Odysseus blieb misstrauisch. Wollte ihn der wunderliche Vogel vielleicht nur ins Verderben locken? Er beschloss, so lange wie möglich auf dem Floß zu bleiben. Da riss eine

gebirgsgroße Welle das Floß in Stücke. Nun war es fast zu spät, um den Rat der Göttin zu befolgen. Inmitten gewaltiger Wellen nahm Odysseus endlich den Schleier, band ihn sich um und schwamm, so gut es ging. Doch selbst mit Hilfe des Schleiers warfen ihn die Wassermassen wie ein Spielzeug hin und her. Die Wogen hoben ihn turmhoch hinauf. Sie schleuderten ihn in Wellentäler. Sie schlugen über seinem Kopf zusammen.

Poseidon freute sich. Der gehasste Mann, der seinem Sohn das Auge verbrannt hatte, kämpfte in den wilden Wogen um sein Leben. Mit seinem Dreizack wühlte der Meergott die See unermüdlich auf. Odysseus sollte seine Untat bitter büßen. Und so verging Stunde um Stunde. Der Sturm und das Tosen des Meeres fand kein Ende. Zwei Tage und Nächte wütete Poseidon. Zwei Tage und Nächte hielt Odysseus sich trotzdem über Wasser. Obwohl ihm der Schleier half, war ihm der Tod immer nah.

Erst am dritten Tag legte sich der Wind. Odysseus sah sich um und erblickte eine Küste. Aber dort ragten spitze Klippen auf. Eine Welle warf ihn an die Felsen. Odysseus klammerte sich am Riff fest. Als die Welle zurückkam, riss sie ihn zurück ins Meer. Seine Hände bluteten. Er wurde unter Wasser gedrückt. Doch seine göttliche Gönnerin Athene gab ihm neuen Mut. Spuckend und hustend kam Odysseus wieder hoch. Er sah die Mündung eines Flusses. Dorthin schwamm er und betete zum Gott des Flusses.

Tatsächlich beruhigte der Flussgott die Wellen und ließ Odysseus an Land kommen. Salzwasser lief ihm aus Mund

und Nase. Sein Körper war geschwollen. Er blutete. Zu Tode erschöpft brach er zusammen.

Als Odysseus erwachte, warf er den Schleier hinter sich. Wie versprochen, ohne sich umzusehen. Er küsste die Erde. Aber er fror schrecklich. Nackt und entkräftet ging er zum nahen Wald. Dort fand er in einem Gebüsch einen herrlichen Ölbaum, unter dem viele trockene Blätter lagen. Die häufte Odysseus auf und hüllte sich in sie hinein. Und Athene schickte ihm einen langen, tiefen Schlaf.

Das Lied von Odysseus

Athene selbst ruhte nicht. Sie eilte zur nahen Stadt und erschien der Königstochter Nausikaa im Traum. »Nausikaa«, sagte sie, »was bist du für ein unordentliches Mädchen. Die Kleider liegen nur so herum. Dabei wirst du vielleicht bald heiraten. Gehe gleich morgens zum Fluss, um die schönen Gewänder zu waschen. Ich will dir helfen. Lass dir aber vom Vater einen Wagen geben.«

Als Nausikaa erwachte, ging sie tatsächlich zu ihren Eltern, so wie es ihr im Traum gesagt worden war. »Lieber Vater«, sagte sie, »gib mir einen Wagen. Ich will heute am Fluss Waschtag machen. Wir brauchen alle frische Wäsche.« Von ihren eigenen Kleidern und einer Hochzeit sprach sie nicht. König Alkinoos gab Nausikaa einen Wagen, ihre Mutter packte Essen und Trinken ein. Fröhlich fuhr sie mit ihren Freundinnen zum Fluss. Dort wuschen sie und breiteten die Wäsche zum Trocknen aus. Sie badeten und aßen. Nausikaa sang ein Lied. Sie spielten Ball und verbrachten eine schöne Zeit am Strand.

Gerade als Nausikaa und ihre Freundinnen wieder aufbrechen wollten, erwachte Odysseus. Er hörte die jungen Frauen. Nackt, wie er war, ging er zu ihnen. Nur einen Zweig hielt er vor sich. Die Mädchen erschraken so sehr über den nackten Mann, dass sie fortliefen. Nur Nausikaa blieb stehen, denn Athene hatte ihr Mut gegeben. Odysseus sprach sie aus der Entfernung an: »Ob du eine Göttin bist oder ein menschliches Mädchen, du bist wunderschön! Deine Eltern müssen selig sein, so ein herrliches Kind zu haben! Ich bewundere dich und zittere vor Ehrfurcht! Weißt du, mein Unglück ist groß. Fast zwanzig Tage trieb ich auf dem Meer. Nun weiß ich nicht, wo ich bin. Willst du mir helfen? Die Götter mögen dich dafür segnen!«

Nausikaa antwortete: »Du scheinst kein gewöhnlicher Mann zu sein. Jammere nicht! Du musst dein Schicksal tragen. Du bist hier bei den Phäaken. Ich bin die Tochter des Königs Alkinoos. Ich werde dir helfen.«

Erst sollte Odysseus sich säubern. Er schämte sich, nackt vor den jungen Frauen zu baden. Er bat sie, ihn kurz allein zu lassen. Wie schön war es, endlich die Salzkrusten und den Schlamm abzuwaschen! Wie herrlich, sich mit Öl einzureiben! Und die prächtigen Kleider erst, die er anlegen durfte! Seine göttliche Freundin Athene ließ Odysseus schön, jugendlich, lockig und größer erscheinen. Nausikaa verliebte sich ein wenig in ihn. Sie gab Odysseus Essen und Trinken. Wie lange hatte er Hunger und Durst gelitten!

Nun wollten sie zurück zur Stadt. Damit sie nicht mit einem fremden Mann gesehen wurde, sagte Nausikaa zu Odysseus: »Betritt die Stadt erst nach uns! Gehe gleich zum Palast meines Vaters! Bitte dort meine Mutter Arete um Hilfe!«

Als Odysseus in die Stadt kam, hüllte ihn Athene in Nebel, damit er unbeobachtet zum Palast kommen konnte. Er fand die Königin im Kreis der phäakischen Fürsten. Erst als er bei ihr niedersank und ihre Knie bittend umfasste, zerfloss der schützende Nebel.

»Arete«, sagte Odysseus. »Ich flehe zu dir und dem König und deinen Gästen! Mögen Euch die Götter immer gewogen sein! Ich irre so schrecklich lange umher. Bitte, helft mir heimzukehren!« Dann setzte sich Odysseus bescheiden in die Asche beim Herdfeuer. Das ließen König Alkinoos und seine Gäste nicht zu. Sie baten den Fremden zu sich an den Tisch und gaben ihm zu essen. Alkinoos versprach ihm eine sichere Heimkehr. Odysseus dankte aus tiefstem Herzen für die Hilfe.

In den nächsten Tagen konnte Odysseus neue Kräfte sammeln. Der König lud ihn und alle Fürsten zu einem Fest in seinen Palast. Der Höhepunkt der Feier kam, als der blinde Sänger Demodokos musizierte. Er sang vom Trojanischen Krieg. Er sang von den griechischen Helden, von Achilles, Agamemnon und von Odysseus. Die traurigen Lieder schnitten Odysseus ins Herz. Er dachte an die vielen toten Freunde, zog den Mantel über seinen Kopf und weinte heimlich. König Alkinoos bemerkte es aber. Er befahl, die Musik durch einen Wettkampf mit Waffen zu ersetzen. Odysseus sah nur zu. Erst als ihn ein Phäake verspottete, nahm Odysseus die Diskusscheibe und warf sie viel weiter als alle zuvor. König Alkinoos bat darauf Odysseus, die kunstvollen Tänze der Phäaken anzusehen. Die gefielen ihm sehr, und Odysseus lobte die Phäaken. Da schenkten ihm Alkinoos und seine Fürsten Gold und Gewänder. Von der Königin bekam Odysseus eine Truhe für die Geschenke. Er verschloss sie mit einem unlösbaren Knoten, den ihm Kirke beigebracht hatte.

Am Abend dankte Odysseus Nausikaa von Herzen, bevor er zum Festmahl ging. Dort bat er den blinden Sänger Demodokos: »Sing wieder vom Trojanischen Krieg! Sing vom hölzernen Pferd und von Odysseus, der die Stadt mit List besiegte.«

Demodokos war ein wunderbarer Sänger, und alles, was er sang, stimmte. Odysseus musste wieder weinen. König Alkinoos bemerkte es und befahl dem Sänger, sein Lied zu beenden.

Erst jetzt bat Alkinoos den Odysseus: »Sag mir, mit welchem Namen rufen dich Vater und Mutter! Wo liegt deine Heimat? Warum weinst du, wenn man vom Schicksal der Griechen vor Troja singt?«

Odysseus antwortete: »Es rührt mich, einen so vollendeten Sänger zu hören. Es rührt mich, ein Volk in Frieden feiern zu sehen. Das ist das Beste! Nun fragst du, wer ich bin und was ich erlebt habe. Wo soll ich anfangen? Ich habe so viel Schlimmes erlebt. Ich bin Odysseus, der Sohn des Laertes. Mein Ruhm ist überall bekannt. Ithaka ist meine Heimat. Ich habe es lange nicht gesehen. Dies ist meine Geschichte.«

Und dann erzählte Odysseus alles, was er seit der Abfahrt von der trojanischen Küste erlebt hatte. Stunden um Stunden hörten die Phäaken den abenteuerlichen Geschichten zu. Sie freuten sich, dass so ein berühmter Held bei ihnen zu Gast war. Alkinoos bat die Fürsten, Odysseus noch mehr zu schenken. Das versprachen sie. Müde und erfüllt gingen alle zu Bett.

Die heimliche Heimkehr

Am nächsten Morgen opferten die Phäaken den Göttern Wein und Fleisch für eine glückliche Fahrt. Odysseus sah ungeduldig die Sonne steigen. Es dauerte lang, allen Lebewohl zu sagen. Endlich führte ihn ein Herold zum Schiff. Dort gab es für ihn ein Lager aus weichen Kissen. Auf Odysseus senkte sich ein tiefer Schlaf, wie ein kleiner Tod. Er merkte nicht, wie wunderbar die Ruderer und der Schwung einer Woge das Schiff schnell vorwärts trieben. Schon vor der Morgendämmerung landeten sie auf Ithaka. Odysseus erwachte nicht. Die Phäaken trugen ihn mit seinen Kissen an Land. Sie luden die vielen Geschenke aus und fuhren heim.

Am Morgen erwachte Odysseus. Athene hüllte ihn wieder in einen Nebel. Deshalb erkannte Odysseus seine Heimat nicht. Er klagte und weinte. Er glaubte, die Phäaken hätten ihn vielleicht sogar beraubt. Doch dann bemerkte er den Berg von Geschenken, den die Phäaken ausgeladen hatten. Keines von ihnen fehlte.

Athene kam zu ihm in Gestalt eines schönen jungen Hirten. Odysseus sprach ihn freudig an: »Sei mir gegrüßt, Lieber! Du bist der Erste, der mir hier begegnet. Sei freundlich zu mir. Sag mir: Wie heißt das Land? Die Stadt? Ist dies hier eine Insel?«

Athene antwortete: »Bist du nicht klug oder kommst du von weit her? Diese Insel ist überall bekannt. Ithaka heißt sie.« Odysseus hörte es mit Freuden. Dennoch blieb er vorsichtig. Er erzählte dem Hirten eine Lügengeschichte, wie er hierhergekommen sei. Athene verwandelte sich in ein Mädchen und lächelte. »Du erfindest Geschichten, seit du ein Kind warst. Lass uns damit aufhören! Du bist der klügste Mensch. Ich bin von allen Göttern die klügste. Du hast mich nicht erkannt. Ich bin Athene, die dir in allen Gefahren half und dich immer schützte.«

Odysseus antwortete: »Es ist schwer, dich zu erkennen. Du verwandelst dich, in wen du willst. Hast du mir wirklich in den letzten Jahren geholfen? Und bin ich wirklich auf Ithaka?«

Athene lichtete den Nebel um Odysseus. Da erkannte er sein Königreich wieder. Athene riet ihm, seine phäakischen Geschenke in der nahen Grotte zu verstecken. Dann hielten sie Kriegsrat. Athene warnte Odysseus vor den Freiern, die Penelope heiraten wollten. Seit drei Jahren lebten die Fürstensöhne an seinem Hof, als wären sie die Herren. Viele beschimpften sogar frech seinen Sohn Telemach. Und sie hätten Odysseus sicher getötet, wäre er einfach in seinem Palast erschienen.

Odysseus dankte Athene und bat sie um einen Plan, wie er die vielen Feinde besiegen könnte. »Als Erstes«, sagte Athene, »werde ich dich in einen alten Bettler mit Glatze, Triefaugen, Falten und schmutzigen Kleidern verwandeln. Niemand soll dich erkennen. Geh dann zum Schweinehirten Eumäos. Er ist dir, Penolope und Telemach treu ergeben. Er wird dir alles berichten. Ich eile nach Sparta. Dort sucht dein Sohn Telemach nach dir. Ich werde ihm raten, rasch heimzukehren.« Athene nahm eine Rute und rührte Odysseus an. Sofort wurde er zu einem hässlichen, alten Bettler in Lumpen. Auf dem Rücken hatte er plötzlich einen geflickten Rucksack.

Eilig ging Odysseus zum Hof des Schweinehirten. Eumäos sorgte hier für tausend Schweine. Aber täglich wurden es weniger. Die Freier aßen gerne Schweinebraten. Eumäos saß in seinem Hof, bewacht von vier gewaltigen Hunden. Die stürzten sich auf Odysseus und hätten ihn fast

zerrissen. Im letzten Moment verhinderte es der Schweine-
hirt. Er lud Odysseus in sein Haus und gab ihm zu essen.
Dabei klagte er sehr um seinen armen, vermissten König
und über die frechen Freier am Hof der Penelope.

»Odysseus«, sagte Eumäos, »war mehr als ein gütiger
Herr. Ich nannte ihn meinen älteren Bruder. Ach, vielleicht
haben längst die Vögel und Hunde seine Knochen abge-
nagt.« Odysseus antwortete: »Er wird heimkehren! Noch
dieses Jahr. Noch vor dem Mondwechsel wird Odysseus
sein Haus betreten und alle bestrafen, die seine Frau und
seinen Sohn böse behandelt haben!« Eumäos fragte den
Bettler nach seinem Namen. Odysseus erfand wieder eine
lange, lange Geschichte, wie er von einem tapferen Krieger
zu einem armen Bettler geworden sei. Er erzählte auch,
dass Odysseus ihn geschickt habe und bald nachkommen
werde. Eumäos glaubte ihm nicht. Zu viele Lügen hatte er
schon über das Schicksal des Odysseus gehört.

In dieser Nacht kam Athene zu Telemach und forderte
ihn auf, nach Ithaka zurückzukehren. Sie warnte ihn vor
den Freiern, die ihn unterwegs ermorden wollten. »Geh
gleich zum Schweinehirten Eumäos«, sagte sie. Telemach
folgte ihrem Rat und war bald zurück auf Ithaka.

Eumäos freute sich sehr, Telemach gesund wiederzusehen. Telemach schickte Eumäos zu Penelope. Sie sollte
wissen, dass er heil heimgekehrt war.

Den alten Bettler beachtete Telemach kaum. Da gab
Athene Odysseus wieder seine schöne Gestalt. Telemach
erschrak vor dem verwandelten Fremden. Odysseus sagte

mit Tränen in den Augen: »Ich bin dein Vater, der nach langen Leiden heimgekehrt ist.« Telemach konnte es nicht fassen. Doch Odysseus sagte: »Athene hatte mich verwandelt. Ich bin es aber wirklich!«

Telemach weinte lange vor Glück und Freude. Dann fragte er Odysseus, wie er nach Ithaka gekommen sei. Odysseus erzählte es eilig. Wichtiger war ihm, die Zahl der Freier zu erfahren und ob sie beide alle töten könnten. Es waren einhundertfünfzehn. »Wir können unmöglich allein gegen sie kämpfen!«, sagte Telemach. »Es ist möglich!«, antwortete Odysseus. »Zeus und Athene werden uns helfen. Wir werden die Freier töten, die gegen alle Gesetze verstoßen. Geh in den Palast und warte dort auf mich. Ich werde als Bettler kommen. Wenn mich jemand schlecht behandelt, tu nichts! Sage ja keinem Menschen, dass ich heimgekehrt bin. Nicht einmal meinem Vater oder deiner Mutter!« Und schon verwandelte Athene ihn wieder in den hässlichen, alten Bettler.

Bettler im eigenen Palast

Penelope freute sich, dass Telemach glücklich von der gefährlichen Reise heimgekehrt war. Die Freier machte es aber wütend. Sie überlegten hin und her, wie sie den jungen Mann heimlich töten könnten. Als Telemach in den Palast kam, grüßten sie ihn freundlich. Er ging an ihnen vorbei und erzählte Penelope von der Reise. Von Odysseus schwieg er.

Inzwischen war auch Odysseus in Bettlergestalt zum Palast gekommen. Draußen vor der Tür lag sein alter Jagdhund Argos auf einem Misthaufen. Seit Odysseus fort war, kümmerte sich niemand mehr um den alten, kranken Hund. Argos sah Odysseus und erkannte ihn sofort, trotz der Verwandlung. Er wedelte mit dem Schwanz. Aber er war zu schwach, um zu seinem Herrn zu gehen. Odysseus weinte über soviel Treue und Klugheit. Da hörte das Wedeln auf. Argos war gestorben.

Odysseus ging in den Saal, wo die Freier feierten. Er setzte sich auf die Schwelle des schön geschnitzten Tores. Telemach schickte ihm einen Korb mit Brot und Fleisch. Odysseus aß. Dann bettelte er bei den Freiern. Alle gaben ihm etwas, nur Antinoos nicht. Stattdessen beschimpfte er ihn und warf ihm sogar einen schweren Schemel an die Schulter. Odysseus wankte nicht. Er dachte still an Rache und ging zur Türschwelle zurück. Dort sagte er: »Antinoos, du hast den Schemel nach mir geworfen. Ich hatte nur Hunger. Denk daran: Wenn die Götter wirklich die Armen beschützen, dann wirst du noch vor deiner Hochzeit sterben.«

Nun kam Eumäos. Penelope hatte ihn geschickt. Sie wollte mit dem fremden Bettler reden. Vielleicht wusste er etwas über ihren Mann. Odysseus versprach, am Abend mit ihr zu sprechen. Er wollte die Wut der Freier nicht unnötig reizen.

Dafür reizte er die Wut des Bettlers Iros. Der wollte die Gaben der Freier für sich allein und Odysseus vertreiben:

»Verschwinde von hier, alter Mann!«, schimpfte Iros. »Ich schlage dir sonst alle Zähne aus. Ich bin jünger als du und größer.« Die Freier lachten über die Bettler. Sie zwangen die beiden zu einem Faustkampf. Iros sah erst jetzt, dass Odysseus zwar alt war, aber kräftige Beine und Arme hatte. Da wollte er lieber nicht mehr kämpfen. Die Freier ließen ihm keine Wahl. Iros traf zuerst Odysseus an der Schulter. Odysseus schlug nur mit halber Kraft zurück. Er zertrümmerte den Kiefer des Iros. Der brach blutend zusammen. Odysseus schleppte ihn an den Füßen aus dem Saal hinaus. Die Freier lachten und gaben ihm als Siegesprämie Würste und Wein.

Odysseus warnte die Freier vor dem Fluch der Götter. Doch keiner verließ den Palast. Athene hatte ihnen den Verstand vernebelt. Keiner sollte entkommen. Die Freier aßen und tranken weiter. Sie spotteten über die Glatze des Bettlers. Am Abend gingen sie schlafen.

Kaum waren sie allein, versteckten Odysseus und Telemach alle Waffen im Saal. Dann ging auch Telemach zu Bett. Nur Penelope und Odysseus blieben. Sie wollte von ihm mehr über ihren Mann erfahren und fragte: »Wer bist du und was hast du erlebt?« Odysseus antwortete: »Schöne, ehrenvolle Frau, frage mich nicht! Zu groß sind meine Leiden.« Penelope klagte über ihre Sehnsucht nach Odysseus und die Frechheit der Freier. »Ich konnte sie lange mit einer List täuschen. Ich sagte, ich müsste einen Mantel weben als Leichengewand für Laertes. Erst wenn er fertig sei, könnte ich mich für einen neuen Mann entscheiden.

Aber was ich tagsüber webte, löste ich nachts wieder auf. Nun haben mich untreue Dienerinnen verraten. Was soll ich nur tun, damit ich nicht heiraten muss! Ich will Odysseus treu bleiben. Die Freier aber zwingen mich. Doch sage mir nun, wer du bist!«

Odysseus dachte sich wieder eine Geschichte aus und erzählte, er habe Odysseus einmal bei sich aufgenommen. Er sagte: »Odysseus ist nah. Er wird bald wiederkehren mit großen Reichtümern.« Penelope weinte sehr. Sie wollte die Worte so gern glauben. Aber sie hatte zu viele Jahre gewartet.

Penelope schickte zum Dank für die Geschichte ihre Dienerin Eurykleia, um dem Bettler die Füße zu waschen. Eurykleia kannte Odysseus seit der Geburt und hatte ihn als Amme an der Brust gesäugt. Sie sah ihm ins Gesicht und sagte: »Fremdling, du siehst Odysseus sehr ähnlich.« Dann wusch sie ihm die Füße. Dabei entdeckte sie eine Narbe an seinem Bein. Ein wilder Eber hatte Odysseus vor Jahrzehnten bei der Jagd verletzt. Da erschrak sie vor Freude und ließ das Bein los. Es fiel auf die eiserne Waschschüssel, die lärmend umfiel.

»Du bist Odysseus!«, rief Eurykleia weinend. »Ich muss es Penelope sagen.« Odysseus aber fasste sie bei der Kehle: »Mütterchen, mach mich nicht unglücklich! Nach zwanzig Jahren bin ich heimgekehrt. Das muss geheim bleiben. Du hast mich an der Brust gesäugt. Wenn du mich verrätst, werde ich dich trotzdem töten.« Eurykleia versprach ihm zu schweigen.

Penelope kam noch einmal zu Odysseus. Sie erzählte ihm, dass sie morgen einen Wettkampf veranstalten werde: »Die Freier zwingen mich zu einer Entscheidung. Sie sollen mit dem Bogen des Odysseus einen Meisterschuss wagen. Der Pfeil muss aus der Ferne durch die zwölf kleinen Löcher in zwölf hintereinander stehenden Axtklingen fliegen. Wer gewinnt, der soll mein Mann werden.« Odysseus freute sich über ihren Plan. Er versprach ihr: »Bevor ein Freier den Bogen spannt, wird Odysseus hier sein.« Penelope wollte es so gern glauben. Aber sie konnte es nicht. Traurig ging sie schlafen.

Der Kampf mit den Freiern

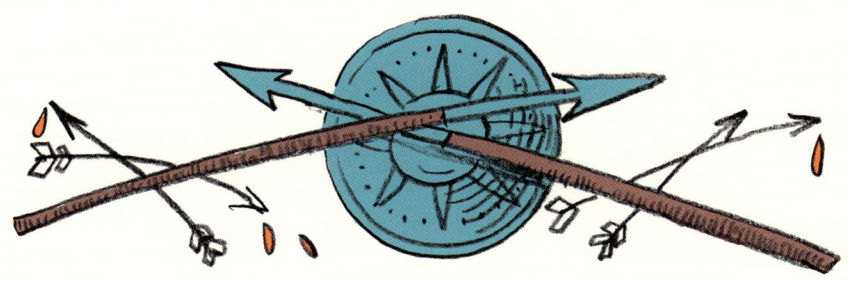

Am nächsten Morgen verlangten die Freier von Pene-lope eine Entscheidung:. »Sag uns endlich, wer dein Mann werden soll!« Penelope holte aus der Schatzkammer den Bogen und die Pfeile des Odysseus. Damit ging sie zu den Freiern und sagte: »Ich werde den zum Mann neh-men, der den Bogen spannen und durch die Löcher in den Klingen von zwölf Äxten schießen kann.«

Die Freier vereinbarten, in welcher Reihenfolge sie schießen sollten. Leiodes war der Erste. Er konnte den Bogen
nicht spannen. Andere versuchten es auch, doch ohne Er-
folg. Sie befahlen, den Bogen durch Öl und Wärme
geschmeidiger zu machen.

Odysseus ging hinaus vor den Palast und sprach dort mit
Eumäos und dem Rinderhirten Philotios. »Stellt euch vor,
Odysseus wäre plötzlich hier! Würdet ihr an seiner Seite
kämpfen oder den Freiern helfen?« Philotios antwortete:
»Natürlich mit Odysseus! Die Götter sollten ihn nur gleich
heimschicken. Dann könnte er sehen, wie ich kämpfen
kann!« Odysseus sagte: »Nun, ich bin es selbst. Ich sehe,
dass ihr treu seid. Ich will euch reich belohnen, wenn ihr
mir helft! Damit ihr mir glaubt, seht her!« Und Odysseus
hob die Lumpen hoch und zeigte ihnen die lange Narbe am
Bein. Eumäos und Philotios weinten vor Freude.

Odysseus sagte: »Wir gehen jetzt nacheinander in den
Saal. Eumäos, bring mir den Bogen. Sagt den Frauen, sie
sollen die Türen zum Saal verriegeln. Philotios, verriegle
das Tor zum Hof. Niemand darf eine Tür öffnen, auch wenn
man Röcheln oder Poltern hören sollte!«

Im Saal versuchte gerade Eurymachos vergeblich, den
Bogen zu spannen: »Noch die Enkel werden uns verspot-
ten«, sagte er. »Dieser Bogen beweist es. Keiner von uns ist
so stark wie Odysseus.«

«Ich will es auch einmal versuchen«, sagte Odysseus. Zornig rief Antinoos: »Du bist wohl betrunken, alter Mann! Sei
still und tritt nicht in Wettstreit mit uns jungen Männern!«

Penelope sagte: »Antinoos, es ist nicht recht, den Fremden zu übergehen. Er will mich doch nicht ernsthaft zur Frau.« Die Freier wollten es trotzdem nicht erlauben. Da sagte Telemach: »Ich darf allein über den Bogen entscheiden. Ich könnte ihn sogar dem Bettler schenken. Mutter, geh nun lieber und lass uns Männer allein.« Penelope wunderte sich über ihren Sohn, aber sie verließ den Saal.

Eumäos wollte nun den Bogen zu Odysseus bringen. Die Freier aber drohten ihm. Er legte den Bogen wieder hin. Telemach befahl ihm, den Bogen weiter zu tragen: »Ich warne euch!«, sagte er zu den Freiern. Die lachten zwar darüber, doch ließen sie Eumäos mit dem Bogen zum Bettler. In diesem Augenblick wurden heimlich alle Türen des Saals verschlossen. Odysseus sah sich seinen Bogen genau an. Er prüfte, ob er wurmstichig geworden sei. Dann spannte er ihn leicht – wie ein Musiker die Saiten seines Instruments. Das erschreckte die Freier. Göttervater Zeus aber ließ es donnern. Die Freier erbleichten. Odysseus nahm einen Pfeil, zielte kurz und schoss aus der Ferne genau durch die zwölf Löcher in den zwölf Axtklingen. Odysseus sagte: »Nun, Telemach, ich bringe keine Schande in dies Haus. Ich spannte den Bogen. Ich traf das Ziel. Es ist Zeit, das Abendmahl zu beginnen!«

Telemach sprang mit Schwert und Lanze an die Seite seines Vaters. Odysseus sagte: »Jetzt will ich ein Ziel treffen, das noch keiner getroffen hat.« Er schoss und traf Antinoos in die Kehle. Der stürzte tot zu Boden und riss im Fallen den Tisch um. Die Freier brüllten wütend und sprangen auf. Sie glaubten, Odysseus habe Antinoos aus Versehen erschossen.

Odysseus gab sich nun zu erkennen: »Ihr Hunde! Ihr habt gedacht, ich käme nie nach Hause. Ihr habt meinen Besitz verschwendet. Ihr habt meine Dienerinnen mit Gewalt zur Liebe gezwungen. Ihr wolltet meine Frau heiraten, obwohl ich lebe. Dies ist die Stunde eures Todes.« Die Freier wollten fliehen. Doch alle Türen waren verschlossen. Es gab keinen Ausweg.

Eurymachos sagte: »Bist du Odysseus, so hast du Recht. Hier ist viel Unrecht geschehen. Aber du hast den Bösesten von uns getötet. Sei damit zufrieden! Schone uns! Wir wollen dir alle gehorchen. Wir werden dir bezahlen, was wir in den drei Jahren gegessen und getrunken haben.« Odysseus antwortete: »Ich schone euch nicht. Kämpft oder flieht!« Eurymachos sagte: »Wir müssen kämpfen! Schützt euch mit den Tischen gegen die Pfeile.« Er selbst stürzte sich mit gezogenem Schwert auf Odysseus. Der schoss ihn in die Brust.

Ein schrecklicher Kampf begann. Telemach tötete einen Freier mit der Lanze. Dann holte er mehr Waffen und Rüstungen für Odysseus, Eumäos und Philotios. Odysseus hatte alle Pfeile verschossen. Jeder hatte einen Freier getötet. Mitten im Kampfgetümmel schlich sich der Ziegenhirt Melanthios zur Waffenkammer. Telemach hatte vergessen, die Tür abzuschließen. Melanthios brachte den Freiern Schilde und Lanzen. Eumäos und Philotios überfielen ihn, als er zum zweiten Mal Waffen holen wollte. Sie banden

ihm die Arme auf den Rücken und zogen ihn am Seil zur Decke hinauf.

Im Saal kämpften sie weiter. Vier standen gegen noch fast hundert Freier. Da kam Athene. Odysseus ahnte, dass die Göttin in der Nähe war: »Kämpfe mit uns!«, rief er. Doch sie wollte ihn prüfen und verwandelte sich in eine Schwalbe. Sechs Freier warfen zugleich ihre Lanzen auf Odysseus. Athene lenkte sie ab. Odysseus und seine drei Kämpfer warfen die Lanzen zurück. Jede tötete einen Freier. Die lebenden Freier zogen die Lanzen aus den Toten und zielten genau. Wieder verfehlten sie Odysseus. Athene füllte die Herzen der Freier mit Entsetzen. Odysseus, Telemach und die beiden Hirten schlachteten einen nach dem anderen ab. Leiodes flehte Odysseus um Gnade an – vergeblich.

Trotzdem lief auch der Sänger Phemion zu Odysseus und bat um sein Leben: »Ich wurde von den Freiern gezwungen, für sie zu singen. Frage Telemach!« Telemach bestätigte es. Er bat auch um das Leben des Medon. Odysseus schenkte beiden das Leben und befahl ihnen, im Hof zu warten.

Im Saal lagen die Leichen wie Fische an Land in der Sonne. Keiner lebte mehr. Odysseus ließ die alte Eurykleia holen und fragte sie, welche der Dienerinnen Penelope verraten hatten. Eurykleia jubelte, als sie die toten Freier sah. Odysseus sagte: »Freue dich nicht über tote Männer. Sie starben durch den Willen der Götter. Sie kannten keine Ehrfurcht und kein Gesetz.«

Die zwölf verräterischen Dienerinnen mussten helfen, die Toten aus dem Saal zu tragen, und den Raum mit Schwämmen vom Blut säubern.

Telemach und die beiden Hirten sollten die zwölf Dienerinnen mit dem Schwert töten. Telemach aber nahm Seile und henkte sie.

Die Versöhnung

Odysseus räucherte den Saal mit Feuer und Schwefel aus, um einen Fluch abzuwenden. Eurykleia aber ging zur schlafenden Penelope: »Wach auf!«, sagte sie. »Endlich ist dein Mann, der listige Odysseus, wieder da!« »Warum verspottest du mich?«, antwortete Penelope traurig. »Warum lügst du mich an?« »Es ist aber doch wirklich wahr!«, rief Eurykleia, »Odysseus ist wieder da. Er war als

Bettler verwandelt, bis er die Freier bestraft hatte.« Da sprang Penelope aus dem Bett. Eurykleia erzählte ihr, wie Odysseus die Freier besiegt und getötet hatte. Penelope zweifelte immer noch. Sie sagte: »Es war sicher ein Gott, der das Unmögliche vollbracht hat. Odysseus wird wohl niemals wiederkehren.« Eurykleia erzählte von der Narbe, aber die Königin glaubte kein Wort.

Dennoch ging sie mit der alten Dienerin in den Saal hinab. Da saß Odysseus, immer noch in Lumpen. Penelope setzte sich ihm gegenüber. Sie blieb vorsichtig. Telemach ärgerte sich und schimpfte mit ihr. Penelope sagte: »Lieber Sohn, ich staune. Ich finde keine Worte. Ich kann ihm nicht ins Gesicht sehen. Ist es wirklich mein Odysseus, so werden wir uns erkennen. Wir haben unsere geheimen Zeichen.« Odysseus lächelte und sagte: »Telemach, lass deiner Mutter Zeit. Sie wird freundlicher werden. Wir müssen aber nun nachdenken. Wir haben so viele Männer getötet. Wie vermeiden wir die Rache? Wir müssen so tun, als werde hier Hochzeit gefeiert. Macht Musik und kleidet euch festlich. Auf diese Weise gewinnen wir Zeit und können zu meinem Vater aufs Landgut.«

Odysseus badete, zog sich schöne Kleider an und ging zu Penelope. Er befahl Eurykleia: »Mach uns das Bett!«

»Nein!«, sagte Penelope rasch zu Eurykleia. »Hole das zierliche Bett aus dem Schlafzimmer und bereite ihm das Lager vor der Tür!« Da lächelte Odysseus und sagte: »Unser Bett kann man nicht bewegen. Ich selbst habe es auf einem fest verwurzelten Olivenbaum gebaut.« Da lief Penelope weinend zu ihm, umarmte und küsste ihn: »Das kann nur mein Mann wissen! Sei mir nicht böse, Odysseus! Ich musste zehn Jahre lang vorsichtig sein. Es gibt so viele Betrüger. Wäre Helena vorsichtiger gewesen, hätte es den Krieg um Troja nicht gegeben!«

Das verstand Odysseus. Er umarmte Penelope und ging mit ihr ins Schlafzimmer. Sie genossen die Freuden der Liebe und sprachen danach lange miteinander. Athene aber hielt den Lauf der Sonne an und verlängerte so ihre erste gemeinsame Nacht nach zwanzig Jahren. Erst als Odysseus all seine Abenteuer erzählt hatte, ließ Athene die Sonne aufgehen.

Odysseus riet seiner Frau, sich in den Turm des Palastes zurückzuziehen. Er selbst ging mit Telemach, Eumäos und Philotios aufs Land zu seinem Vater Laertes. Der freute sich unbeschreiblich, seinen verloren geglaubten Sohn doch noch lebendig wiederzusehen. Zusammen berieten sie, was am besten zu tun sei. Die Rache für so viele Tote musste ja bald kommen.

Tatsächlich hatten alle in der Stadt von dem Gemetzel erfahren. Die Familien suchten laut klagend aus den Leichenbergen ihre Söhne heraus. Der Vater des Antinoos rief zur Rache auf. Der überlebende Medon versuchte, sie zu besänftigen. Er sagte: »Odysseus konnte diese Tat nur mit dem Willen der Götter vollbringen. Ich sah selbst einen Gott bei ihm.« Ein kluger Mann sagte: »Wir sind selbst schuld! Wir hätten unsere Söhne nicht so frech am Hofe des Odysseus leben lassen dürfen.« Die Hälfte der Menschen ließ sich davon überzeugen. Die anderen nahmen ihre Waffen und verfolgten Odysseus.

Als er die vielen Rächer bemerkte, legte Odysseus seine Waffen an. Das taten auch sein alter Vater und sein junger Sohn, dazu Eumäos und Philotios. Doch selbst mit den Dienern seines Vaters waren sie nur wenige und manche davon sehr alt.

Auf dem Weg näherte sich die bedrohliche Schar der Rächer und stand schließlich vor ihnen. In diesem Moment trat Athene zu Odysseus und füllte alle Herzen mit Mut. Sie riet Laertes, eine Lanze zu werfen. Laertes zielte und traf den Vater des Antinoos. Der Mann fiel tot in den Staub. Ehe die Rächer sich von dem Schrecken erholt hatten, griffen Odysseus und Telemach sie mit Schwert und Lanze an. Sie hätten alle getötet. Da zeigte sich Athene und rief laut: »Hört auf, ihr Ithaker! Hört auf mit dem schrecklichen Krieg!« Die Angreifer warfen vor Schreck die Waffen weg und flohen zur Stadt. Odysseus verfolgte sie, doch ein Donner des Zeus hielt ihn auf. Athene sagte: »Edler Odysseus, beende jetzt den Kampf, damit Zeus dir nicht zürnt!«

Dann stiftete Athene tiefen Frieden zwischen dem wiedergekehrten König Odysseus und seinem Volk.

Und Odysseus lebte eine Zeit im Glück. Doch er erinnerte sich an den Rat des Teiresias. Um Poseidon endlich zu versöhnen, nahm er also ein Ruder auf die Schulter und ging davon. Er ging so lange, bis er einen Menschen traf, der ihn fragte: »Was hast du für eine seltsame Schaufel auf

der Schulter?« Genau an dieser Stelle errichtete Odysseus einen Altar für den Meergott Poseidon.

Von diesem Augenblick an verzieh ihm der Gott. Und Odysseus konnte endlich in Frieden heimkehren. Diesmal für immer.

Inhalt

ROLF-BERNHARD ESSIG Jahrgang 1963, ist bekannt aus Radiosendungen wie »Essigs Essenzen« und »Migranten des Wortschatzes«. Er ist Kritiker, veranstaltet Schreibseminare und moderiert Konzerte. Er ist Autor von populärwissenschaftlichen Sachbüchern über Meer, Sprache und Literatur. Zusammen mit der Autorin Gudrun Schury lebt er in Bamberg.

ANKE KUHL Jahrgang 1970, hat in Mainz und Offenbach das Zeichnen studiert und arbeitet seit 1998 in der Frankfurter Ateliergemeinschaft *labor*. Sie wurde unter anderem mit dem Troisdorfer Bilderbuchstipendium und dem Eulenspiegel-Bilderbuchpreis ausgezeichnet. Sie lebt mit ihrem Mann und zwei Kindern in Frankfurt am Main. Anke Kuhl hat für Klett Kinderbuch bereits »Lola rast« illustriert.

AUF DEN SCHULTERN VON RIESEN

IN DIESER REIHE GIBT ES NOCH MEHR ZU ENTDECKEN!

>> Wir sind gleichsam Zwerge, die auf Schultern von Riesen sitzen, um mehr und Entfernteres als diese sehen zu können – freilich nicht dank eigener scharfer Sehkraft oder Körpergröße, sondern weil die Größe der Riesen uns zu Hilfe kommt und uns emporhebt. «

Bernhard von Chartres (12. Jahrhundert)

Die Reihe *Auf den Schultern von Riesen* greift diesen Gedanken auf. Sie eröffnet Kindern erste Zugänge zu den Fundamenten unseres Kultur-wissens – einfach durch gute Geschichten und starke Bilder.

Ab 6 und zum Vorlesen

Als die Welt noch jung war, da war Gott stolz, fürsorglich, auch zornig und temperamentvoll. Er schenkte Adam und Eva das Paradies, und dann warf er sie hinaus. Später wollte er mit den Menschen nichts mehr zu tun haben, aber Noah rettete er. Wenn die Israeliten, sein Lieblingsvolk, in Bedrängnis waren, kümmerte er sich um sie, aber er bestrafte sie auch.

Wie war das mit David und Goliat? Warum wurde Josef nach Ägypten verschleppt? Und was musste Moses tun, damit das Volk Israel wieder frei sein konnte?

Das Alte Testament ist voller spannender Geschichten. Die aufregendsten von ihnen sind in diesem Buch einfach und klar wiedergegeben.

Monika Osberghaus
Paradies und Löwengrube
Geschichten von Gott und der Welt

Farbige Illustrationen von
Katja Zwirnmann

ISBN 978-3-941411-08-1

Verschwörung, Mord und Eifersucht: Auf der Opernbühne passieren immer aufregende Geschichten. Manchmal ist die Handlung auch kompliziert. Dieses Buch fasst die spannendsten Opern zusammen und gibt das schillernde Geschehen auf der Bühne in einfachen Worten wieder.

Wir erfahren von der sternflammenden Königin der Nacht, von Carmen, die José ins Verderben treibt, von dem Sänger Orpheus, der seine Geliebte aus dem Totenreich holen will, und von Siegfried, der gegen den Drachen kämpft.

Die Musik spielt in diesen Geschichten eine wichtige Rolle. Die Illustrationen führen dazu wunderschöne Bühnenbilder auf.

Christoph Schmitz
Drachentod und Zauberflöte
Geschichten von der Opernbühne

Farbige Illustrationen von
Gerda Raidt

ISBN 978-3-941411-09-8

1. Auflage 2009
© 2009 by Klett Kinderbuch, Leipzig
Alle Rechte vorbehalten

Umschlaggestaltung Hildegard Müller
unter Verwendung einer Illustration von Anke Kuhl

Illustrationen Anke Kuhl

Layout und Herstellung atelier eilenberger, Leipzig
Druck und Bindung Offizin Andersen Nexö, Zwenkau

Printed in Germany
ISBN 978-3-941411-16-6

www.klett-kinderbuch.de